KIMI NO KARADA GA SHINKARON 1

Copyright©HIROYUKI KURODA / NISUKE SHIMOTANI 1994
Originally published in Japan in 1994 by NOSANGYOSON BUNKA KYOKAI.
Korean translation copyright©2005 by BadaPublishing Co., Ltd
Korean translation rights arranged through TOHAN CORPORATION, TOKYO and BESTUN KOREA AGENCY, SEOUL.

이 책의 한국어판 저작권은 일본의 토한 코포레이션과 베스툰 코리아 에이전시를 통해
사단법인 농산어촌문화협회와 독점 계약한 바다출판사에 있습니다.
저작권법에 의해 한국 내에서 보호를 받는 저작물이므로 무단전재나 복제, 광전자 매체 수록 등을 금합니다.

차례

1 턱의 기원 머리에 턱이 생겼다 2~5
2 등뼈의 기원 약한 등뼈에서 강한 등뼈로 6~9
3 손과 발의 기원 네 개의 다리로 땅으로 올라오다 10~13
4 엉덩뼈(골반)와 어깨뼈의 기원 등뼈와 손발을 이어주는 뼈가 생겼다 14~17
5 코와 폐의 기원 냄새를 맡는 코, 숨을 쉬는 코 18~21
6 위장의 기원 입에서 항문까지 연결되는 관 22~25
7 음경의 기원 땅에서 아기를 만들기 위한 궁리를 하다보니 26~29
척추동물의 세계 30~31

어린이를 위한 진화 이야기 1

물고기, 땅으로 올라오다!

구로다 히로유키 글·그림 | 시모타니 니스케 그림 | 김영주 옮김   바다어린이

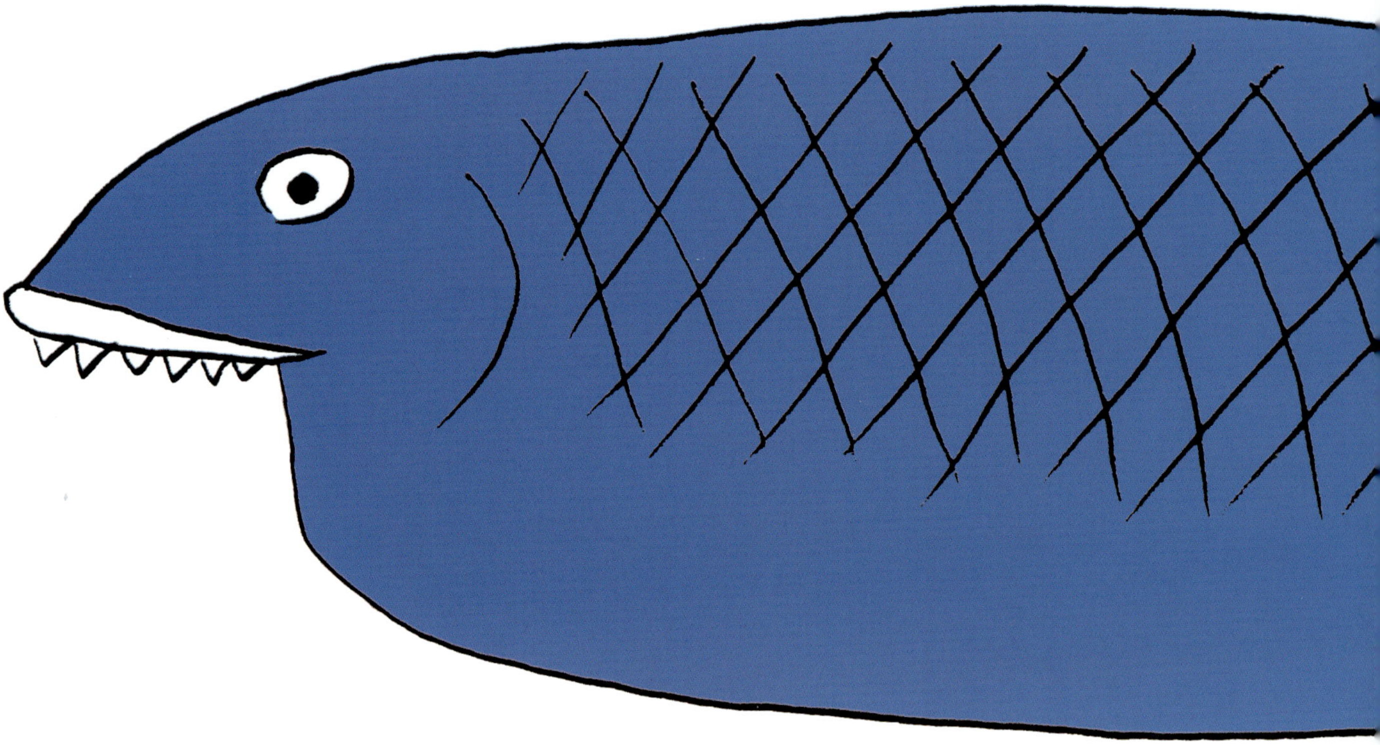

아주 오랜 옛날에 있었던 이야기입니다.
어느 날, 턱이 없던 동물에게 턱이 생겨났어요.

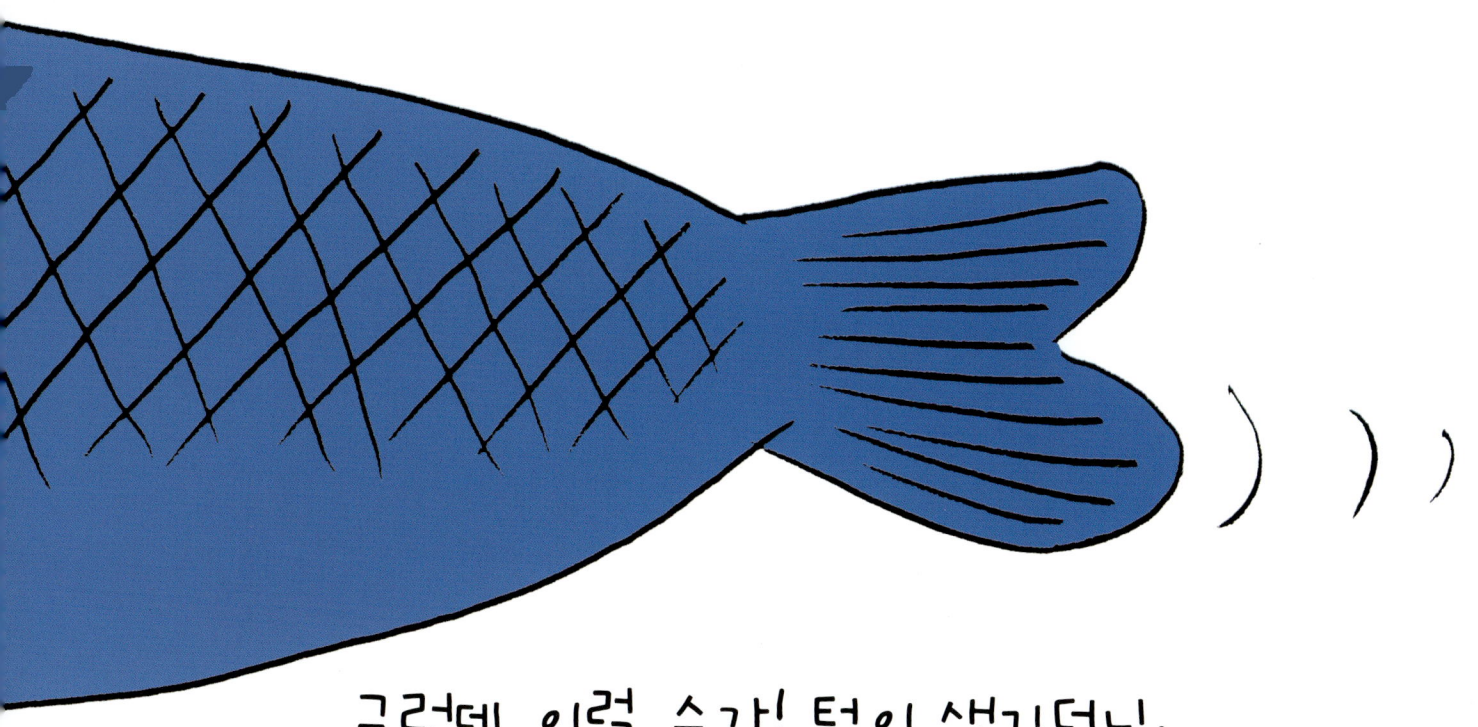

그런데 이럴 수가! 턱이 생기더니,
물고기가 되고 말았네요!
(어머, 그 턱은 어디에서 온 거니?)

1 턱의 기원
머리에 턱이 생겼다

턱

사람의 머리에는 사물을 볼 수 있는 눈, 소리를 들을 수 있는 귀, 냄새를 맡을 수 있는 코, 맛을 볼 수 있는 혀 같은 감각 기관[1]이 있어요. 또한 턱도 있지요. 턱뼈에는 이가 나 있어요. 사람은 이 턱뼈를 움직여 이로 음식물을 잘게 씹고 부수면서 먹는답니다. 정말 대단한 일이 아닐 수 없지요.

하지만, 턱은 사람에게만 있는 것이 아니죠. 다른 동물들도 사람처럼 턱을 갖고 있어요. 그러면 동물들은 이렇게 중요한 턱을 언제, 어떻게 갖게 된 것일까요? 이제부터 약 5억 년 전으로 거슬러 올라가 보기로 해요.

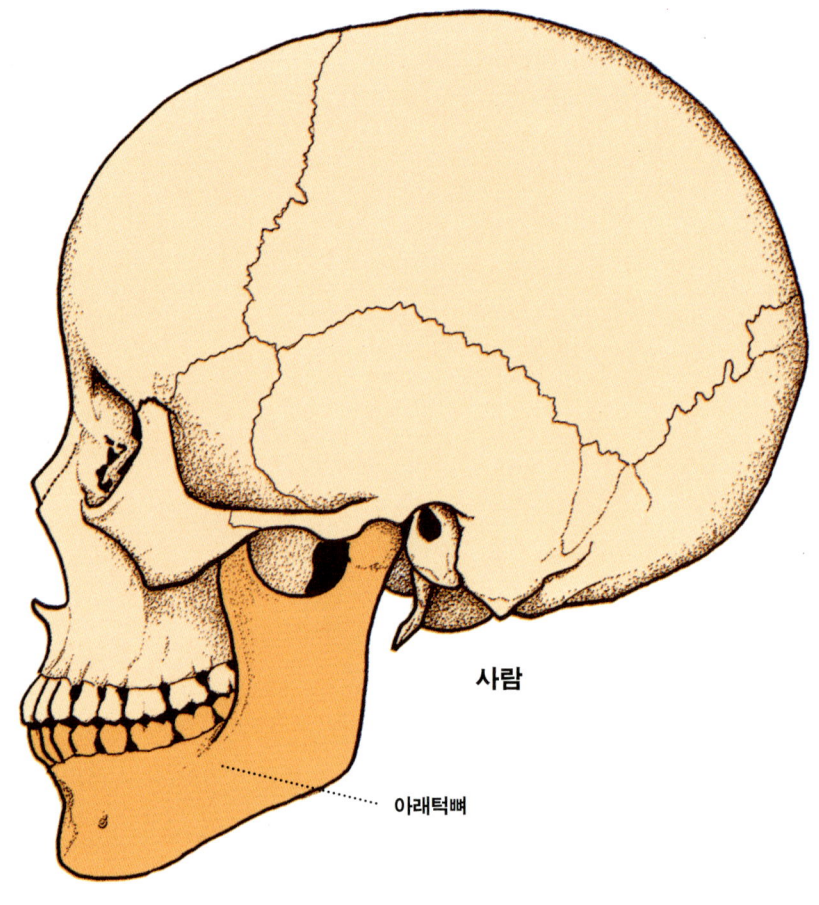

사람

아래턱뼈

[1] **감각 기관** 눈, 귀, 코, 혀, 피부와 같이 외부의 감각을 받아들이고 느끼는 몸의 기관을 말한다.
[2] **턱이 없는 동물** 척추동물 중에서 칠성장어처럼 턱뼈가 없는 생물을 무악류라고 한다.

'칠성' 이라고 불리게 된 7개의 숨 구멍.

칠성장어(무악류)
칠성장어는 다른 동물에게 달라붙어 둥근 입으로 몸에 상처를 낸 다음 그 곳에서 스며 나오는 피를 빨아먹고 살아간다.

턱이 없는 동물 이야기

일본 도호쿠 지방에 있는 강에는 칠성장어라는 생물이 살고 있어요. 생김새는 뱀장어와 비슷하지만, 칠성장어는 물고기가 아니랍니다. 입은 있지만 턱뼈가 없거든요. 턱이 없는 동물2은 지금부터 약 5억 년 전에 물 속에서 태어났다고 해요. 아주 오랜 세월 동안 살아온 생물이지요. 턱이 없는 동물은 지구에 최초로 나타난 등뼈를 가진 동물3이에요. 턱은 갖고 있지 않았지만, 뇌와 뇌를 보호하는 뼈는 갖고 있었답니다. 즉, 턱이 없는 머리를 갖고 있었던 거지요.

턱이 없는 동물이 진화4해서 등장한 것이 어류, 즉 물고기예요. 물고기가 이 지구상에 살기 시작한 것은 4억3천만 년 전입니다. 물고기는 턱뼈를 갖고 있어요. 즉 턱이 없는 동물에 턱이 생기면서 물고기가 탄생했던 거지요.

턱뼈는 왜 생겼을까?

턱이 없는 칠성장어의 몸 한쪽에는 숨을 쉬는 구멍이 7개 나 있어요. 그림에서 보는 것처럼 이 구멍 주위에 구멍을 떠받치는 뼈가 나란히 늘어서 있고요. 칠성장어는 턱이 없는 동물에서 물고기로 진화하면서 이 숨구멍의 숫자를 줄여 나갔고, 숨구멍을 떠받치고 있던 뼈를 모아서 턱뼈를 만들었답니다. 이런 과정을 거치면서 물고기들은 이 구멍들 중에서 하나만 아가미로 남겨 놓고, 다른 구멍은 모두 없애 버렸지요. 그리고 남아 있던 뼈로는 턱을 만들었어요.

무악류

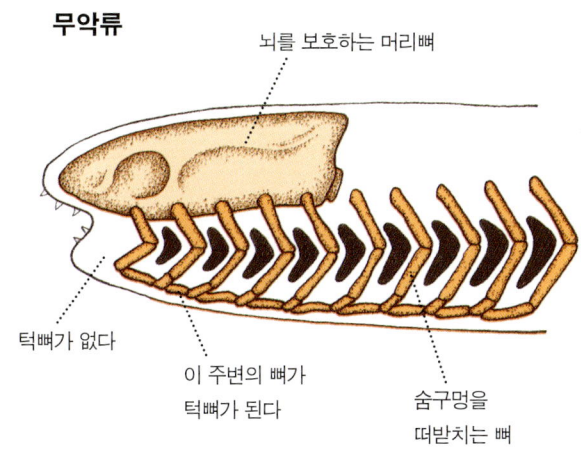

원시 어류

물고기들은 턱과 이를 갖게 되면서 턱이 없는 동물보다 재빨리 사냥감을 붙잡아 먹을 수 있게 되었다.

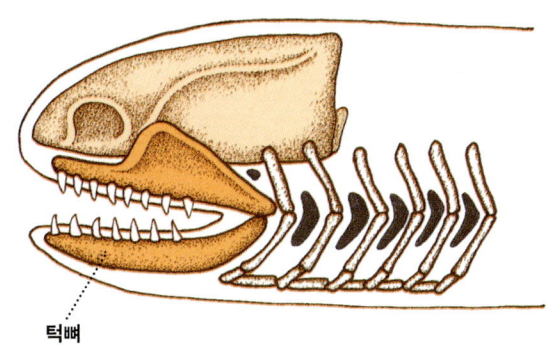

3 등뼈를 가진 동물 머리뼈와 등뼈, 꼬리를 가진 동물을 척추동물이라고 한다.
4 진화 지구상의 동물은 물고기에서, 개구리로, 도마뱀으로, 더 나아가 사자, 원숭이, 사람으로 몸의 형태를 조금씩 바꾸면서 다양한 생물로 변화해 왔다. 이와 같은 변화를 진화라고 한다.

약 3억 7천만 년 전에 있었던 옛날 이야기예요.
물고기는 물에서 땅으로 올라오려고 했어요.
하지만 등뼈가 너무 약해서…….
(저런! 그래서 어떻게 됐을까?)

2 약한 등뼈에서 강한 등뼈로

등뼈의 기원

몸을 받쳐 주는 등뼈

"등줄기를 쭉 펴 보세요!" 혹시 이런 말을 들어 본 적은 없나요?

그럼, 지금 등뼈를 쭉 폈다가 구부려 볼까요? 그렇게 하면서 우리의 등뼈가 어떻게 구성되어 있는지를 느껴 보세요. 사람의 등뼈란 몸을 떠받쳐 주는 기능을 한다는 사실을 알 수 있을 거예요.

이번엔 한번 만져 보세요. 등뼈가 많은 뼈로 이루어져 있다는 사실도 알 수 있을 거예요. 이렇게 중요한 등뼈는 언제, 어떻게 만들어진 것일까요?

물고기의 탄생

턱이 없는 동물은 최초의 척추동물이었어요. 여기서 척추란 등뼈를 말해요. 이 턱이 없는 동물은 꼬리지느러미를 갖고 있었죠. 그것을 왼쪽과 오른쪽으로 움직이며 헤엄쳤어요. 그런데 꼬리지느러미를 움직이기 위해서는 근육과 뼈가 필요했어요. 그래서 생기게 된 뼈가 바로 등뼈랍니다.

턱이 없는 동물은 헤엄을 잘 치지 못했어요. 꼬리지느러미만 있고 다른 지느러미는 없었기 때문이에요. 헤엄을 잘 치기 위해서는 가슴지느러미, 배지느러미, 등지느러미가 필요한답니다. 그래서 물속을 자유롭게 헤엄쳐 돌아다닐 수 있는 몸으로 진

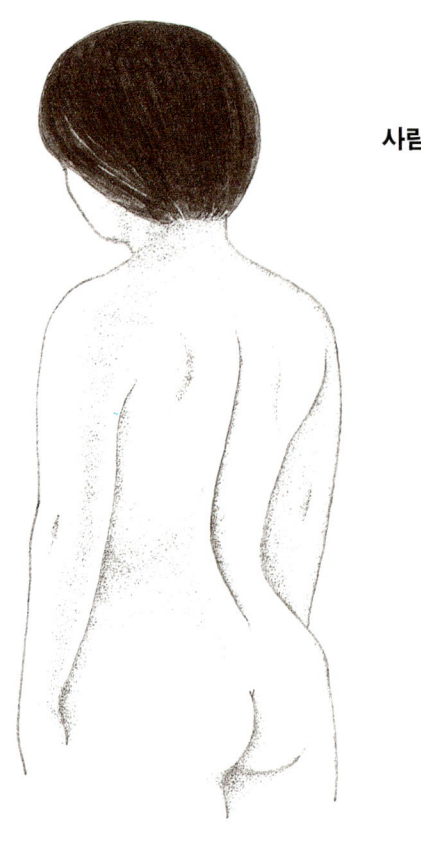

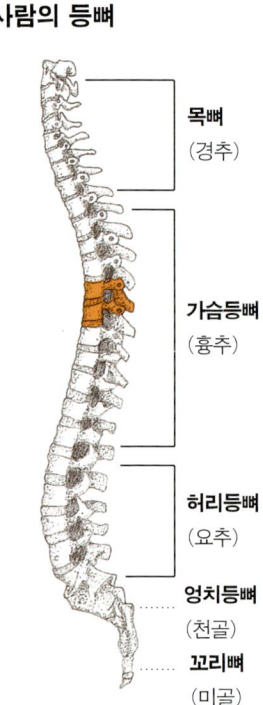

사람의 등뼈

- 목뼈 (경추)
- 가슴등뼈 (흉추)
- 허리등뼈 (요추)
- 엉치등뼈 (천골)
- 꼬리뼈 (미골)

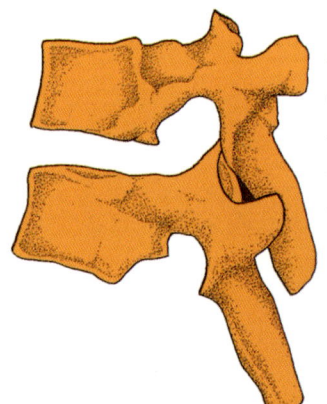

사람 등뼈의 일부

사람의 등뼈는 여러 개의 뼈가 서로 맞물려 있기 때문에 몸을 자유롭게 움직일 수 있을 뿐 아니라 몸을 확실하게 받쳐 준다

8

화하게 되었지요. 이렇게 해서 탄생한 동물이 바로 물고기예요. 물고기들 중에서 손발의 기원이 되는 지느러미를 가진 무리1가 등장하게 되었는데, 그 중에서 실러캔스(coelacanth, 총기류)라는 물고기는 지금까지 살고 있다고 해요.

땅으로 올라오면서 등뼈가 강해졌다

지금으로부터 약 3억7천만 년 전에 어류인 실러캔스 중에 땅으로 올라온 녀석들이 있었어요. 바로 양서류2인데, 이들은 땅으로 오르기 위해 아주 험난한 일을 겪어야 했답니다.

물에서 살 때는 등뼈가 몸을 떠받칠 수 없을 정도로 약해도 문제가 없었지요. 물에서는 몸이 저절로 뜨기 때문이에요. 하지만 땅에서는 달라요. 땅에서 생활하기 위해서는 자기 몸을 스스로 떠받칠 수 있

실러캔스(coelacanth, 총기류)

앞발로 진화하는 지느러미
뒷발로 진화하는 지느러미

익티오스테가(Ichthyostega, 원시 양서류)

익티오스테가의 골격

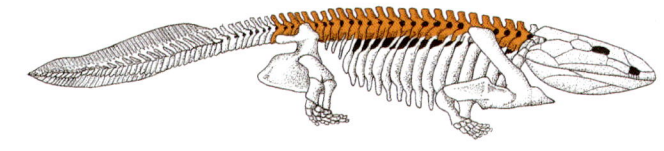

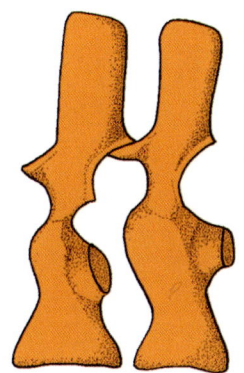

익티오스테가 등뼈의 일부
땅 위에서 몸을 떠받칠 수는 있지만, 아직 뼈들이 서로 단단하게 연결되어 있지 않다.

는 막대기 같은 것이 필요했어요. 그러나 막대기로는 몸을 자유롭게 움직일 수 없죠. 그렇다면 막대기처럼 몸을 받쳐 주면서 몸을 자유롭게 움직일 수 있게 하는 방법은 없을까요?

그래요. 양서류는 사람의 등뼈처럼 작은 뼈가 하나씩 연결되어 있는 등뼈를 만들어 냈습니다. 이렇게 해서 몸을 자유롭게 구부릴 수 있으면서도 확실하게 떠받쳐 주는 등뼈가 탄생했던 거지요.

---

1 총기류 손발의 기원이 되는 지느러미를 가진 무리를 총기류(실러캔스)라고 부른다.
2 양서류 개구리나 도롱뇽 등을 말한다. 어려서는 물 속에서 생활하다가 자라면서 발이 생기면 땅에서 생활한다.

땅에 사는 동물은 모두
다리가 네 개이고
발가락은 다섯 개인가요?
(흠, 그런데 어딘가 어울리질 않아!)

3 손과 발의 기원
네 개의 다리로 땅으로 올라오다

땅으로 올라온 물고기들은……

다리가 네 개인 동물은 무엇이냐는 질문을 받게 되면 어떤 동물이 생각나나요? 아마 너무 많아서 대답하기 어려울 거예요. 등뼈가 있는 척추동물은 대부분 네 개의 다리로 걸으니까요. 물론 다리가 없는 뱀도 척추동물에 속하기는 해요. 뱀도 처음에는 다리를 갖고 있었지만, 나중에 모두 없어지고 말았어요. 새도 척추동물에 속하지요. 새는 네 개의 다리 중에서 앞다리 두 개를 날개로 바꾸었어요. 이처럼

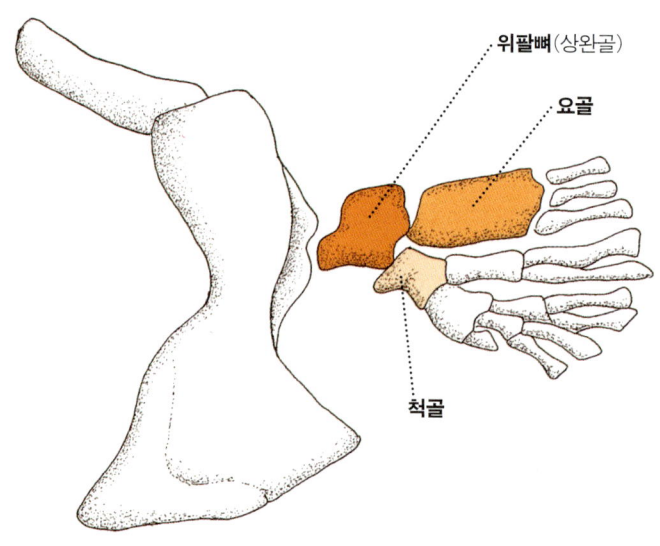

앞발(손)로 진화한 총기류(실러캔스)의 지느러미뼈

위팔뼈(상완골)
요골
척골

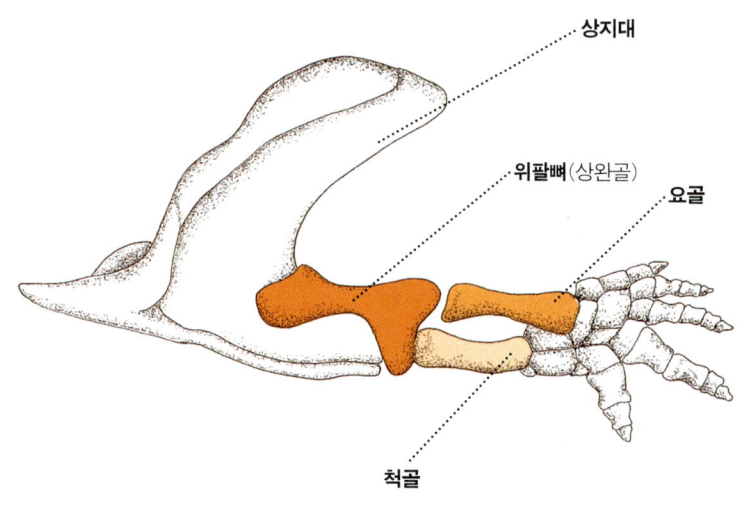

원시 양서류의 앞발(손)뼈
땅으로 올라왔던 양서류의 화석 중에서 가장 오래된 화석인 익티오스테가도 다섯 개의 발가락을 갖고 있었다.

상지대
위팔뼈(상완골)
요골
척골

육지로 올라온 물고기들은 여러 종류의 동물이 되면서 각각 자기에게 필요한 모습으로 변했답니다.

지느러미가 다리로……

물고기들은 턱이 없는 동물들은 갖지 못했던 턱과 지느러미를 갖게 되었어요. 그 중에서도 실러캔스는 지느러미를 움직일 수 있는 특별한 뼈와 근육을 갖고 있었는데, 이것들이 다리로 변화해 갔어요. 땅에서 살 수 있도록 말이죠. 양서류는 다리가 몸의

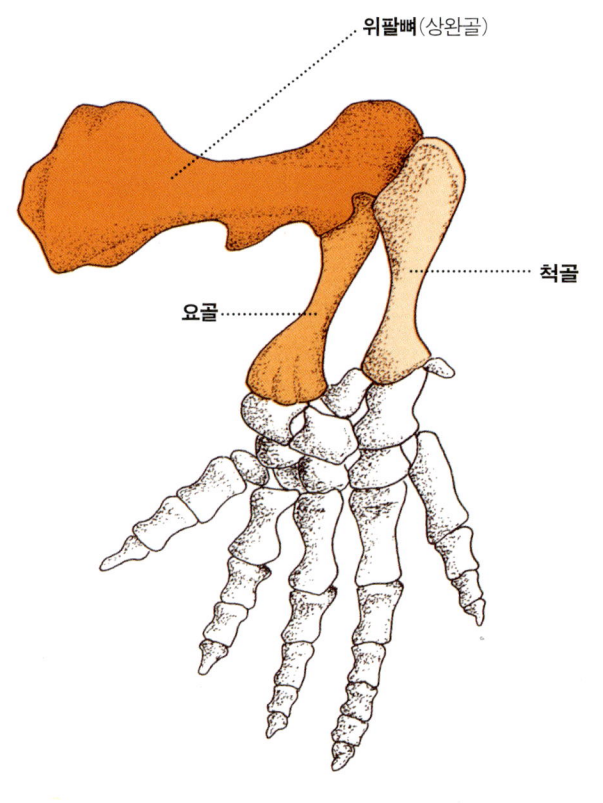

원시 파충류의 앞발(손)뼈
- 위팔뼈(상완골)
- 요골
- 척골

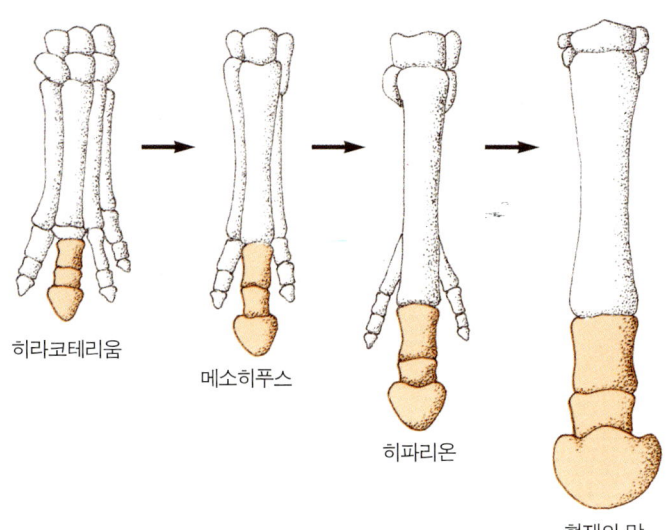

말굽의 형성 과정
히라코테리움 → 메소히푸스 → 히파리온 → 현재의 말

옆쪽에 붙어 있어 잘 걷지 못해요.1 양서류의 영원이나 도롱뇽 등은 마치 물고기였던 시절을 잊지 않으려는 듯 몸을 왼쪽과 오른쪽으로 움직이며 걸어요. 물고기가 헤엄치는 모습처럼 말이죠. 그러나 대부분의 동물들은 발로 땅에 똑바로 설 수 있게 되었고, 편하게 걸을 수 있게 변해갔어요. 점점 사람의 몸과 가까워지게 된 거죠.

말의 발가락은 몇 개일까?

물에서 땅으로 올라온 양서류는 처음에 발가락이 다섯 개였어요. 물론 그 중에는 여섯 개나 일곱 개인 것도 있었지만요. 다섯 개의 발가락은 어느 틈엔가 도마뱀과 같은 파충류에서 말, 사자, 원숭이, 사람과 같은 포유류로 이어져 왔어요.

그렇다면 말도 발가락이 정말 다섯 개였을까요? 사실 옛날에는 말의 발가락도 다섯 개였대요. 그러나 잘 달리기 위해서는 발가락의 수를 줄일 수밖에 없었고, 결국 가운뎃발가락만 남게 되었답니다. 그 가운뎃발가락의 발톱이 지금의 말굽이 된 것이지요. 이렇게 변한 것은 발가락뿐만이 아니에요. 그림에서처럼 지금 우리 손과 발의 뼈 모양과 구조는 오랜 시간에 걸쳐 양서류, 파충류, 포유류로 이어지며 변해 온 것입니다.

1 개구리 우리와 가장 친숙한 양서류는 개구리이다. 하지만, 개구리는 영원이나 도롱뇽과는 달라서 물갈퀴가 달린 네 개의 다리로 헤엄을 친다. 땅 위에서도 역시 개구리헤엄을 치는 자세로 뛰어가기 때문에 깡충깡충 뜀뛰기를 하는 것처럼 보인다.

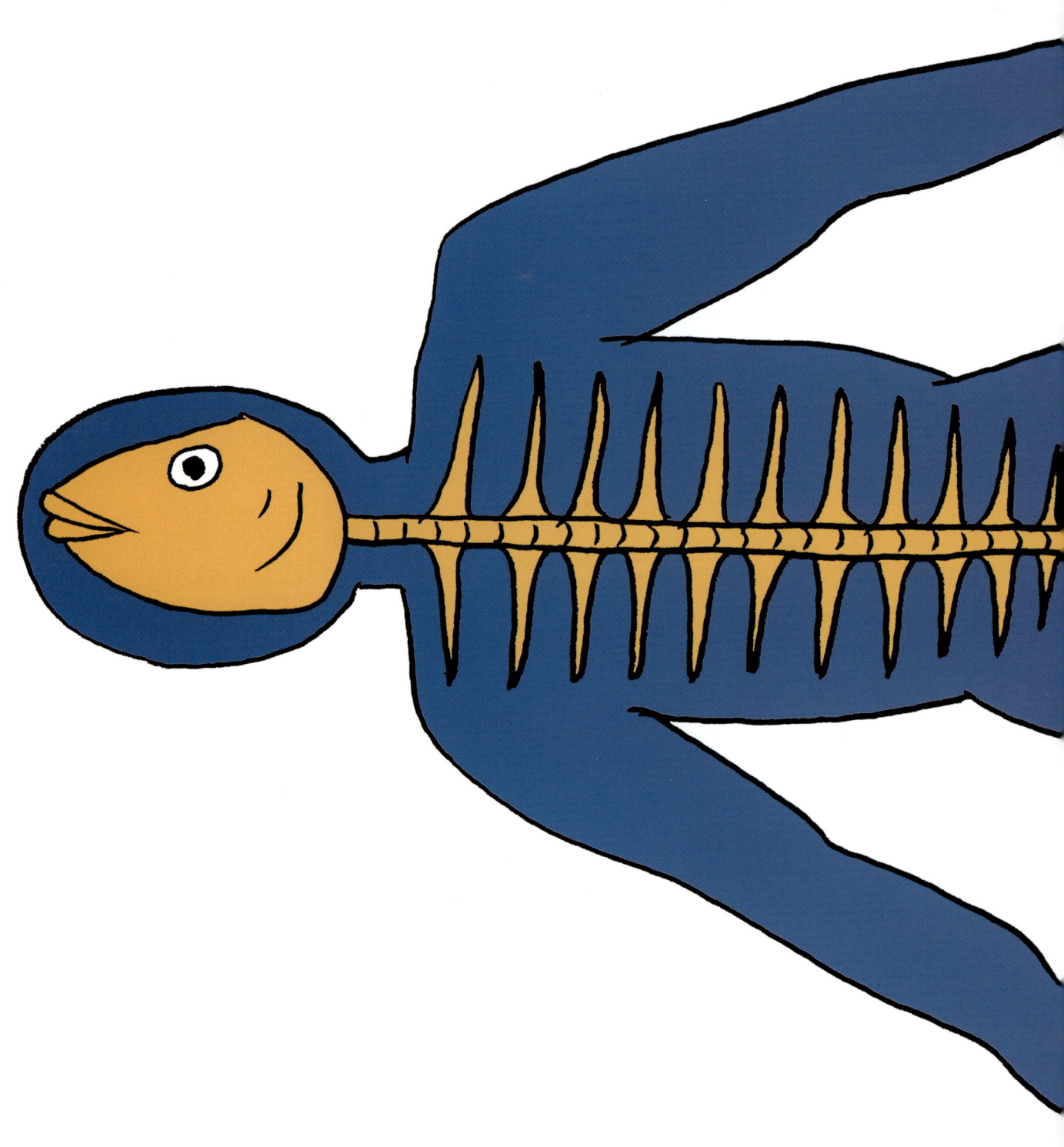

뼈의 구조는 모두 비슷해요.
물고기, 개구리, 뱀, 새,
고양이, 말, 원숭이 그리고 사람도…….
(그런데 무엇이 똑같고, 무엇이 다른 거야?)

4 엉덩뼈(골반)와 어깨뼈의 기원
등뼈와 손발을 이어주는 뼈가 생겼다

물고기에는 없던 뼈

물고기의 뼈가 어떤 모양이었는지 기억나나요? 머리가 있고, 갈비뼈와 등뼈가 있으며, 그리고 꼬리가 있었죠?

사람의 뼈는 어떨까요? 사람의 뼈를 본 적이 없다고요? 아! 그렇겠군요! 그럼, 자기 몸을 직접 만져 보기로 해요.

먼저, 허리 아래 부분부터 만져 봅시다. 부채 모양으로 퍼진 편평한 뼈, 그것이 바로 장골이에요. 앉았을 때에 엉덩이 부분에서 만져지는 뼈, 그것은 좌골이고요. 그리고 오줌이 나오는 곳의 바로 위에 있는 뼈는 치골이죠. 이 세 종류의 뼈를 합쳐서 궁둥이뼈라고 불러요. 이 궁둥이뼈에 등뼈의 끝부분에 있는 엉치등뼈와 꼬리뼈를 합쳐서 엉덩뼈(골반)라고 하고요.

물고기에는 이 엉덩뼈가 없어요. 생선을 먹을 때 뼈를 잘 관찰해 보세요. 물고기는 손과 발이 없지요. 손과 발을 등뼈와 연결시켜 주는 어깨뼈나 엉덩뼈도 없고요. 물 속에서 생활하기 때문에 손과 발이 필요 없었던 거예요.

하지만, 물에서 땅으로 올라온 양서류는 땅 위를 걷기 위해서 손과 발이 필요했어요. 그래서 강한 등뼈를 갖게 되었고, 그 등뼈와 손발을 연결할 무

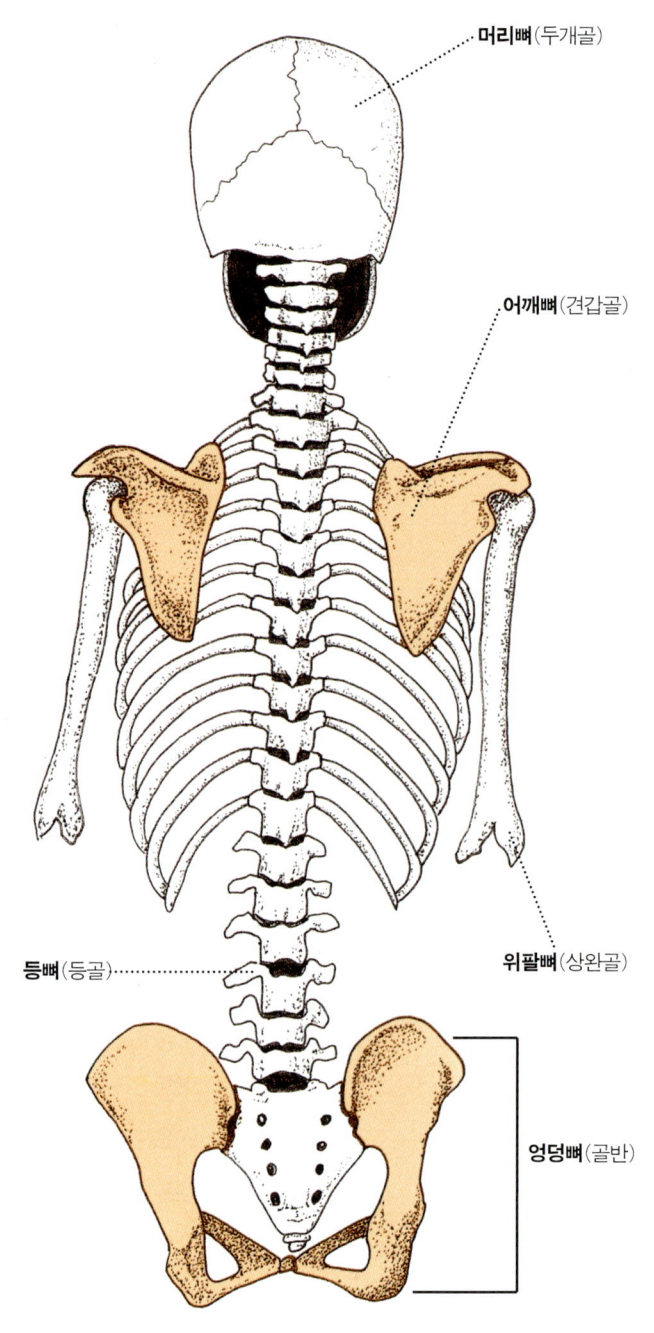

뒤에서 본 사람의 골격

언가도 필요해졌어요. 어깨뼈와 엉덩뼈는 그래서 생기게 된 거랍니다.

땅으로 올라온 뒤에 생긴 뼈

원시 양서류 화석 중에서 가장 오래 된 것은 익티오스테가라는 동물의 것이죠. 익티오스테가는 엉덩뼈와 같은 뼈를 갖고 있었어요. 그 뼈는 등뼈와 뒷다리뼈를 이어 주는 역할을 했어요. 우리 몸의 엉덩뼈와 같은 역할을 한 거예요. 또한 익티오스테가는 등뼈와 앞다리 뼈를 이어 주는 뼈도 갖고 있었어요. 그것은 우리 몸의 어깨뼈와 같은 역할을 했지요.

이처럼 사람으로 이어지는 동물의 몸은 물고기가 땅으로 올라와 약 수억 년이란 오랜 시간에 걸쳐 변하면서 만들어진 것들입니다. 아주 놀랍지요?

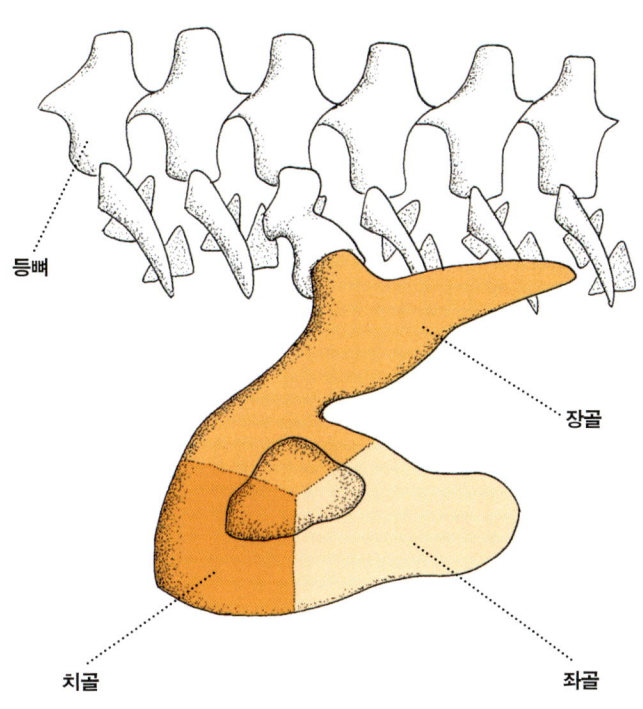

원시 양서류의 엉덩뼈(골반)

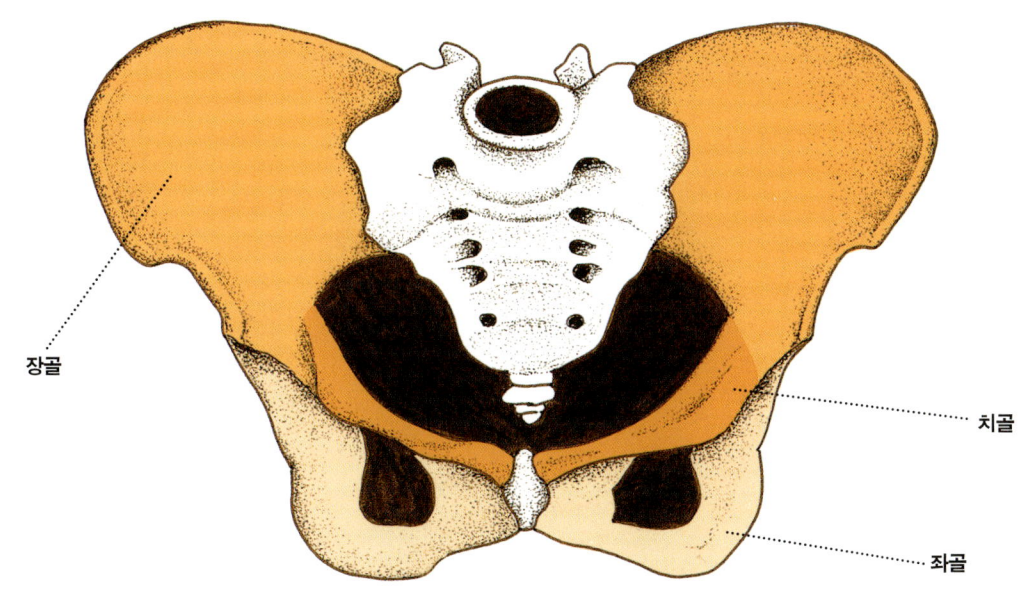

사람의 엉덩뼈(골반)

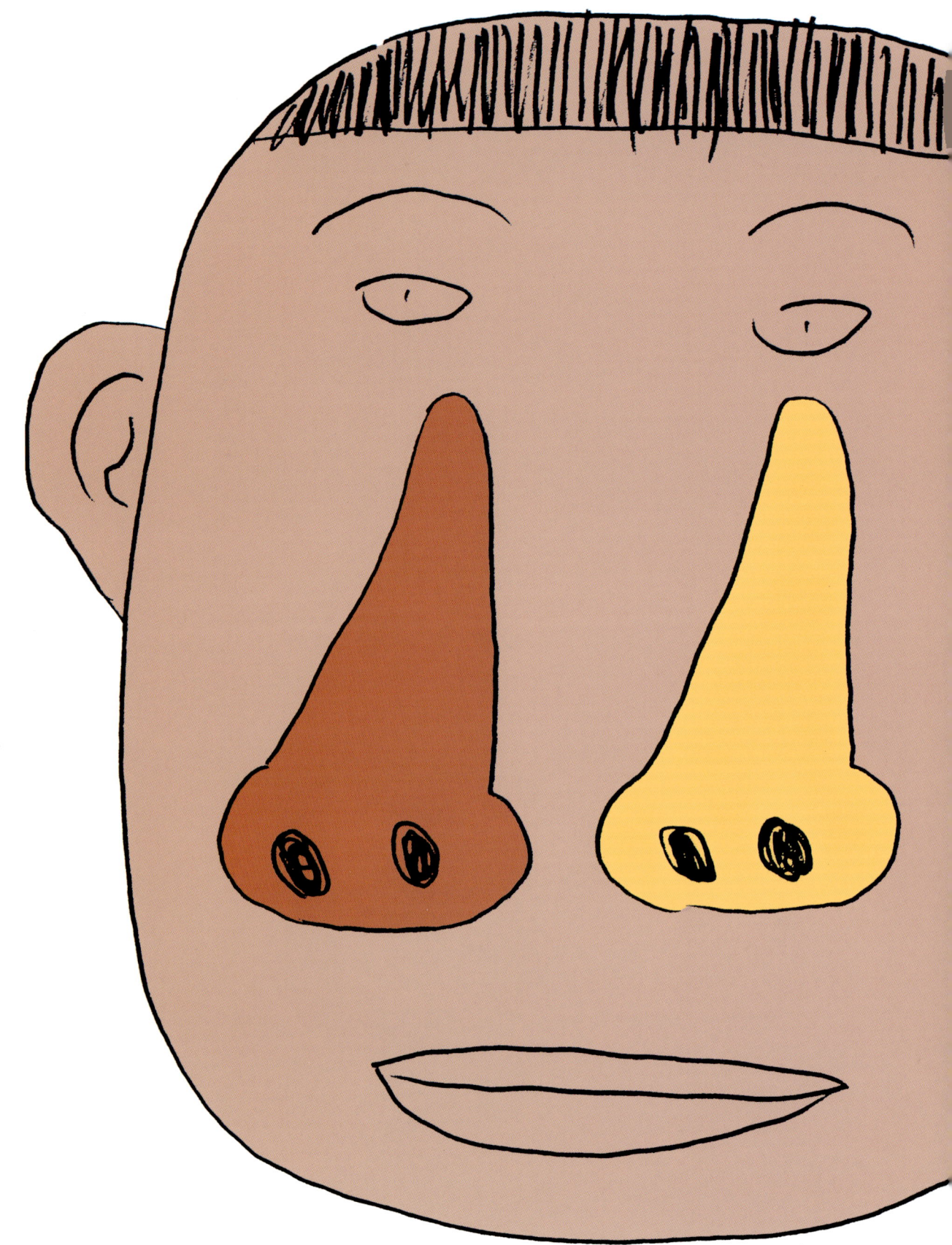

공기를 들이마시지 못하는 콧구멍!
하지만 맛있는 냄새만은 잘 맡을 수 있답니다.
(누구의 코니?)

5 코와 폐의 기원
냄새를 맡는 코, 숨을 쉬는 코

물고기의 코, 사람의 코

사람 입 안쪽의 목구멍에는 음식물이 들어가는 식도와 공기가 들락거리는 기도가 있어요. 콧구멍이 이 목구멍과 연결된다는 사실 정도는 누구나 알고 있을 거예요. 입을 꽉 다물고 있어 보세요. 그래도 코로 숨을 쉴 수가 있죠?

사람의 코는 냄새를 맡을 뿐만 아니라, 입을 대신해서 호흡을 하는 매우 중요한 역할도 해요. 하지만 사람과 달리 코가 있어도 그 코로 숨을 쉬지 못하는 동물이 있어요. 누구일까요?

바로 물고기예요. 물고기의 콧구멍은 숨을 쉬지는 못해요. 하지만, 물을 빨아들여 콧구멍 속에 있는 주름으로 냄새를 맡을 수는 있지요. 그렇다면, 물고기는 대체 어떻게 호흡[1]을 할까요? 물 속에서 생활하는데 숨쉴 일이 있겠느냐고요? 정말 그럴까요?

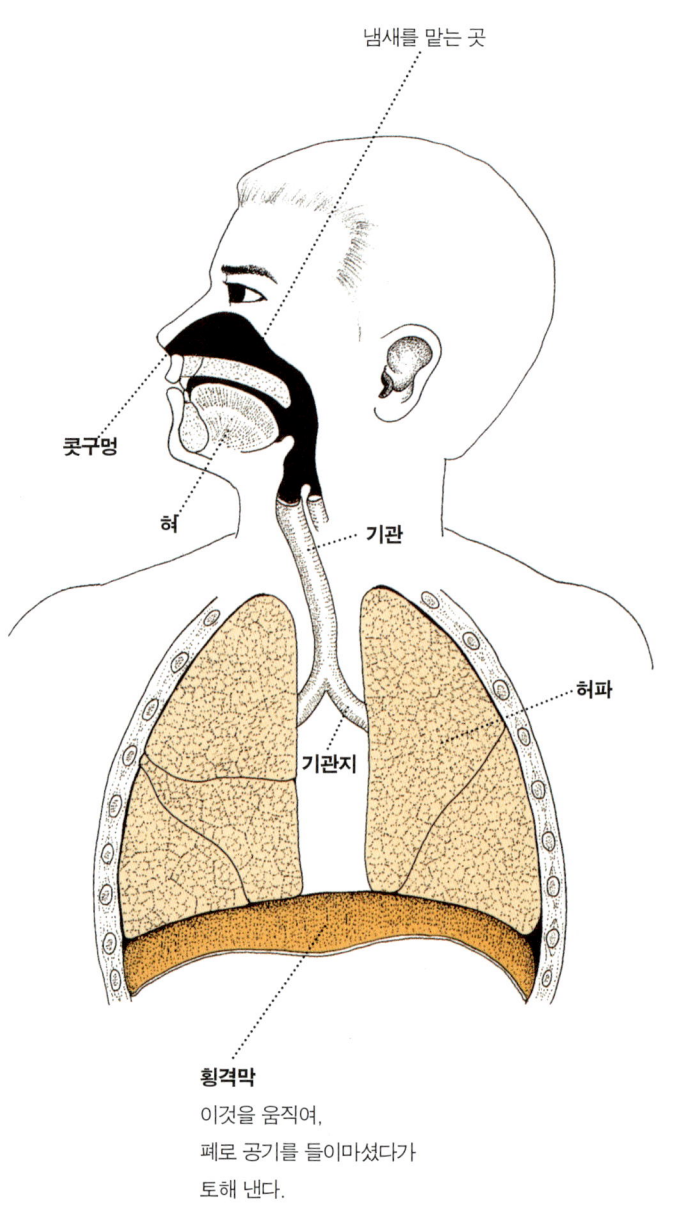

냄새를 맡는 곳

콧구멍

혀

기관

허파

기관지

횡격막
이것을 움직여,
폐로 공기를 들이마셨다가
토해 낸다.

[1] **호흡** 호흡이란 숨을 들이마셔서 몸에 필요한 산소를 혈액에 공급하고, 숨을 내쉬면서 불필요한 이산화탄소를 밖으로 내보내는 것을 말한다.

아가미와 폐

금붕어가 어항에서 뛰쳐나오면 곧 죽고 말겠죠. 또한 사람이 물 속에 오랫동안 들어가 있으면 역시 죽고 말아요. 모두 숨을 쉴 수 없기 때문이에요. 물고기는 아가미로 호흡을 해요. 입으로 물을 들이마신 뒤, 아가미로 내뱉는답니다. 아가미를 사용해 물에 녹아 있는 산소를 혈액 속에 공급하고 몸 안에 생긴 필요 없는 이산화탄소는 내뱉는 것이지요. 사람처럼 땅에서 생활하는 동물은 아가미 대신 폐로 호흡을 해요. 물에서 땅으로 올라온 양서류는 아가미로 하던 호흡을 폐로 하게 되었어요. 물론 지금도 새끼일 때는 물 속에서 아가미로 호흡을 하지만, 자라고 난 뒤에는 폐로 호흡을 하지요. 개구리는 물 속에서 알로 태어나 올챙이로 자라요. 그러다 다리가 생겨서 꼬리가 사라지고 개구리가 되면 땅 위로 올라옵니다. 그런 변화 과정을 거치면서 호흡 방식도 아가미에서 폐로 바뀌게 되지요.

그런데 왜 땅에서는 입과 코로 함께 숨을 쉴까?

왜냐고요? 감기에 걸려서 코가 꽉 막혀 있거나 목이 아플 때를 생각해 보세요. 그 이유를 알 수 있겠지요?
이렇게 해서 폐를 갖게 된 동물은 마침내 그림과 같이 폐의 기능을 한층 진화시켜 나가게 되었어요.

양서류의 폐

파충류의 폐

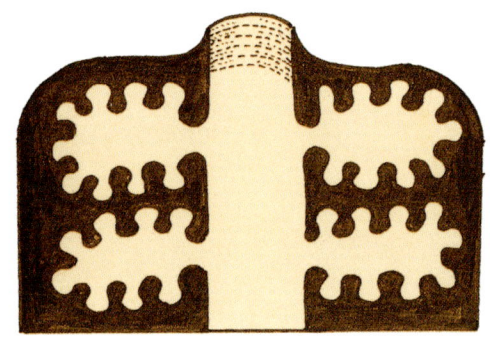

포유류의 폐

하나의 주머니에 불과했던 양서류의 폐는 파충류를 거쳐 포유류로 진화해 오면서 작은 주머니들로 이뤄진 한층 복잡한 폐로 변화했다.

모든 동물은
하나의 관으로 이루어져 있어요.
(그런데 너는 누구니?)

위장의 기원
6 입에서 항문까지 연결되는 관

음식물이 대변이 되기까지

배가 고프면 무엇이든 먹고 싶죠? 맛있는 음식은 누구나 좋아하잖아요. 그 음식물이 뱃속으로 들어가면 어떻게 되는지 궁금하지 않나요?

생물은 먹은 음식을 뱃속에서 흐물흐물하게 녹여 버려요. 이것을 소화라고 해요. 그리고 그 속에서 영양분을 빨아들여 자기 몸에 필요한 에너지로 바꾸기도 합니다.

우리가 먹은 음식물이 몸 속에서 어떻게 되는지 그 과정을 살펴보기로 할까요?

먼저 턱의 힘을 이용해 이로 음식물을 잘게 씹어요. 그 다음 음식물을 목으로 삼키면 목구멍을 통과하게 됩니다. 어디로 가게 될까요? 맞아요! 바로 위예요. 위는 음식물을 모아서 분해하는 곳이지요. 위에서 녹여진 음식물은 작은창자로 가요. 그 곳에서 영양분이 걸러져 몸으로 흡수됩니다. 이 때 남겨진 찌꺼기는 큰창자로 내려가지요. 큰창자는 찌꺼기에서 수분을 흡수해 덩어리로 만든 후 한동안 담아 두는 곳이에요. 그 덩어리는 결국 항문을 통해 나오게 되는데, 이것이 바로 여러분도 잘 아는 대변입니다.

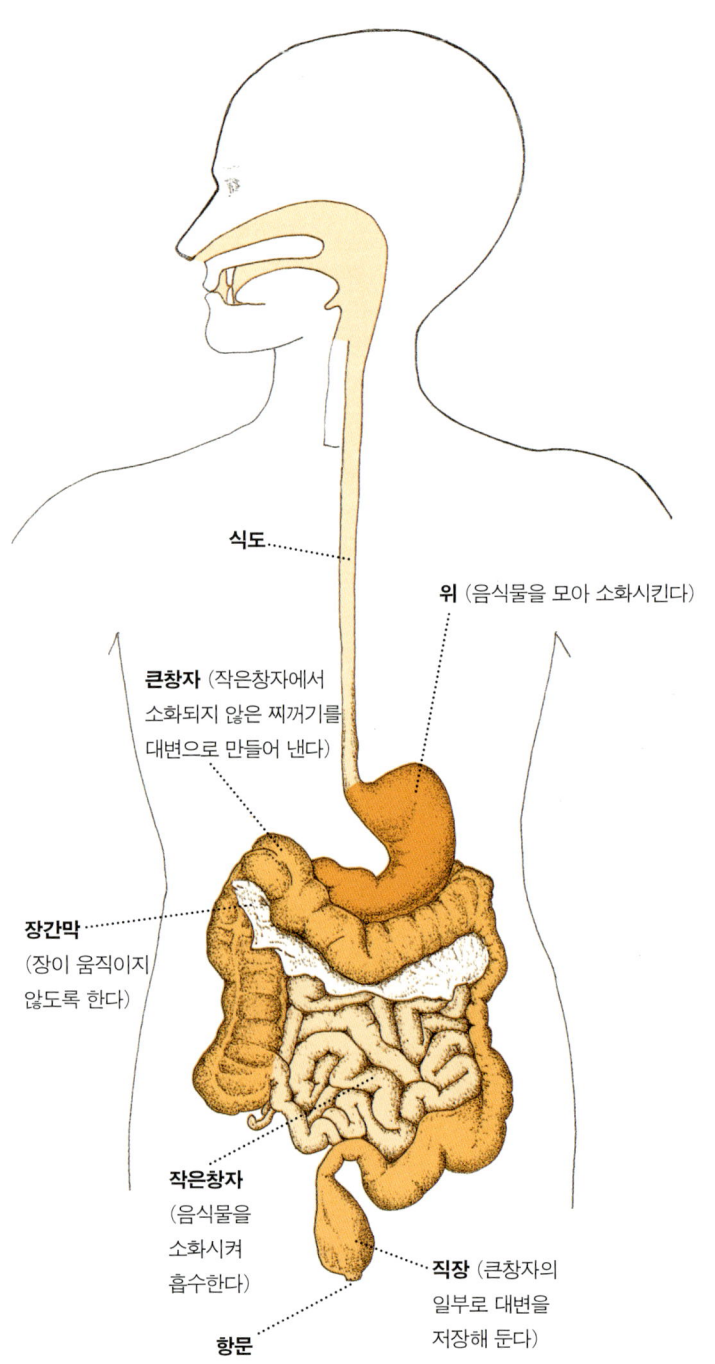

식도

위 (음식물을 모아 소화시킨다)

큰창자 (작은창자에서 소화되지 않은 찌꺼기를 대변으로 만들어 낸다)

장간막 (장이 움직이지 않도록 한다)

작은창자 (음식물을 소화시켜 흡수한다)

직장 (큰창자의 일부로 대변을 저장해 둔다)

항문

24

한 개의 관에서 시작되었다!

입에서 항문으로 연결되는 한 개의 관을 소화관이라고 해요. 물론 이 관은 위치에 따라서 입, 식도, 위, 십이지장, 작은창자, 큰창자 등 각각 이름도 다르고 역할도 달라요.

다른 동물의 몸에 딱 달라붙어 피를 빨아먹는 턱이 없는 동물에 대해 말했었지요? 이 동물은 아주 간단한 소화관을 갖고 있어요. 고기를 물어뜯거나 흐물흐물하게 녹일 필요가 없기 때문이죠.

앞에서 살펴본 것처럼 턱이 없는 동물에서 진화한 어류는 빨리 헤엄칠 수 있도록 몸의 모양을 바꿨어요. 그런데, 빨리 움직이려면 전보다 훨씬 많은 에너지가 필요했어요. 그래서 받아들인 영양분을 쉽게 에너지로 바꿀 수 있도록 소화관도 바꾸게 된 거예요.

그러니까, 턱이 없는 동물은 어류로 진화하면서 턱을 가지게 되었어요. 그리고 그 때부터 그저 영양소만을 받아들이는 하나의 관에 불과했던 소화관은 살코기 등을 흐물흐물하게 만들어 영양분을 흡수할 수 있게 위와 장 등으로 나누어진 소화관으로 바뀌게 된 것이랍니다.

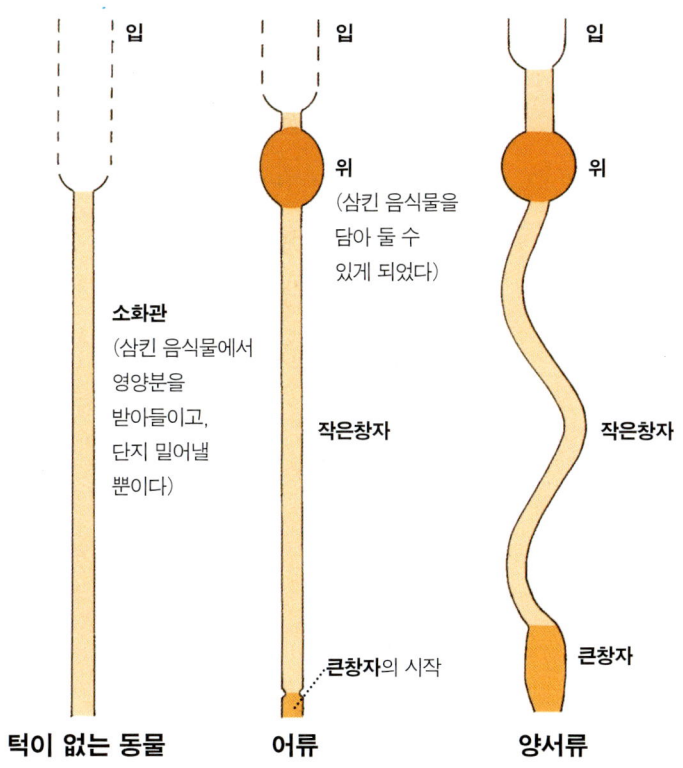

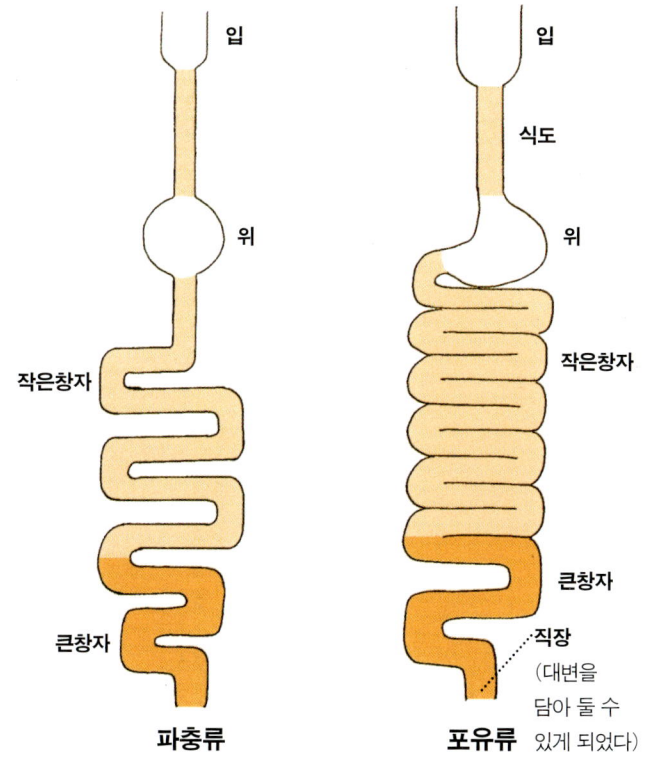

땅 위에 올라온 물고기를 추적해 보았더니,
잠지가 있더군요.
(하지만 잠지는 수컷들만 갖고 있다는데!)

7 음경의 기원
땅에서 아기를 만들기 위한 궁리를 하다보니

오줌을 멀리까지 날려 보내기 위해서?

잠지는 무엇을 하기 위해 있는 것일까요?
"그거야 당연히 오줌을 누기 위해서지요!"
그래요! 하지만, 잠지는 남자들만 갖고 있지요. 왜 남자만 잠지를 갖고 있는 것일까요?
"그거야. 오줌을 멀리 날려 보내기 위해서죠!"
으~음, 정말 그럴까요?

난자와 정자가 만나서……

척추동물은 모두 알이나 아기를 낳아 길러요. 그렇게 해서 자기와 같은 몸을 가지고 비슷한 생활을 할 후손을 다음 시대에 남기게 되지요.
대부분의 동물은 암컷의 몸에서 난자를 만들고, 수컷의 몸에서는 정자를 만듭니다. 이 난자와 정자가 서로 만나면(이것을 수정이라고 말하죠.) 아기로 자랄 수정란이 만들어져요. 우리도 엄마가 만든 난자와 아빠가 만든 정자가 엄마의 자궁1 속에서 수정해서 생긴 수정란이 크게 자란 것이랍니다.
그런데, 난자와 정자는 어떻게 하나가 되는 것일까요?

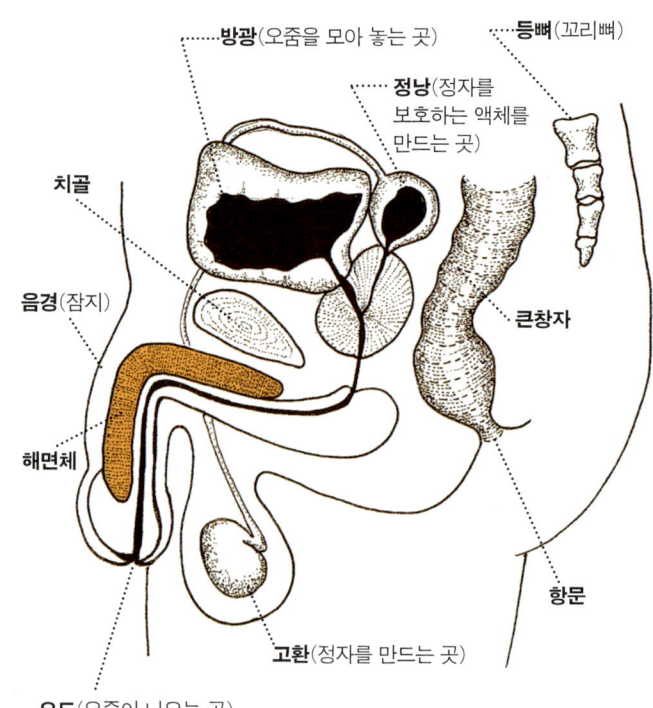

사람의 음경

몸 안에서 필요 없게 된 것들 중 독이 있는 일부 물질은 혈관을 통해 간장으로 가서 요소로 바뀌어진다. 이것들은 혈관을 통해 다시 신장에 모였다가 방광으로 보내진다. 오줌은 이 요소와 수분 등으로 이루어지며, 방광에 많이 모이게 되면 오줌이 누고 싶어진다.

물고기의 수정

1 자궁 암컷 포유류의 배 안에 있는 주머니로, 수정된 난자를 아기로 키울 수 있는 장소이다

알 껍질과 자궁과 음경

물 속에서 사는 물고기와 같은 생물은 암컷이 알을 낳으면 수컷이 곧바로 달려가 그 알에 정자를 뿌립니다. 그러면 정자가 알을 향해 헤엄쳐 들어가 수정을 하게 되지요.

개구리와 같은 양서류는 물가에서 수컷이 암컷의 등에 올라탄 뒤에 암컷이 알을 낳는 순간 알에 정자를 뿌립니다. 양서류의 알에는 껍질이 없기 때문에 정자가 곧바로 그 알 속으로 들어가게 되지요. 이렇게 해서 수정이 된 알은 곧바로 물 속으로 떨어지기 때문에 껍질이 없어도 알이 바짝 말라버리지 않아요.

그러나 땅에서 살게 된 동물들은 난자와 정자를 수정시키기 위해 머리를 짜내야 했어요. 그래서 탄생한 것이 알 껍질과 음경이지요. 땅으로 올라온 동물은 알이 마르지 않게 하기 위해 알에 껍질을 만들었어요. 그러나 이 껍질은 정자가 난자와 하나가 되는 데 방해가 되었어요. 그래서 난자가 껍질을 만들기 전에, 그러니까 암컷의 몸 안에 난자가 있는 동안 수컷이 암컷의 몸 안으로 정자를 집어넣어 수정을 시키게 되었답니다.

음경은 정자를 암컷의 몸 속으로 넣기 위해서 만들어진 거예요.

코끼리의 교미
정자를 암컷의 몸 속으로 들여보내는 것을 교미라고 한다.

음경의 기원
거북이나 악어의 음경을 보면 흥분하면 팽창하는 해면체가 총배설강과 연결되어 있다. 이 해면체는 교미할 때만 팽창해 정자를 암컷의 몸 속으로 보낼 수 있는 관을 만들게 된다. 이것이 곧 우리 음경의 시초가 된다.

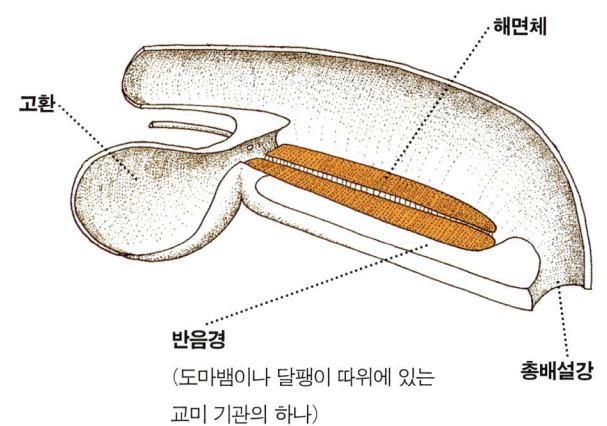

반음경
(도마뱀이나 달팽이 따위에 있는 교미 기관의 하나)

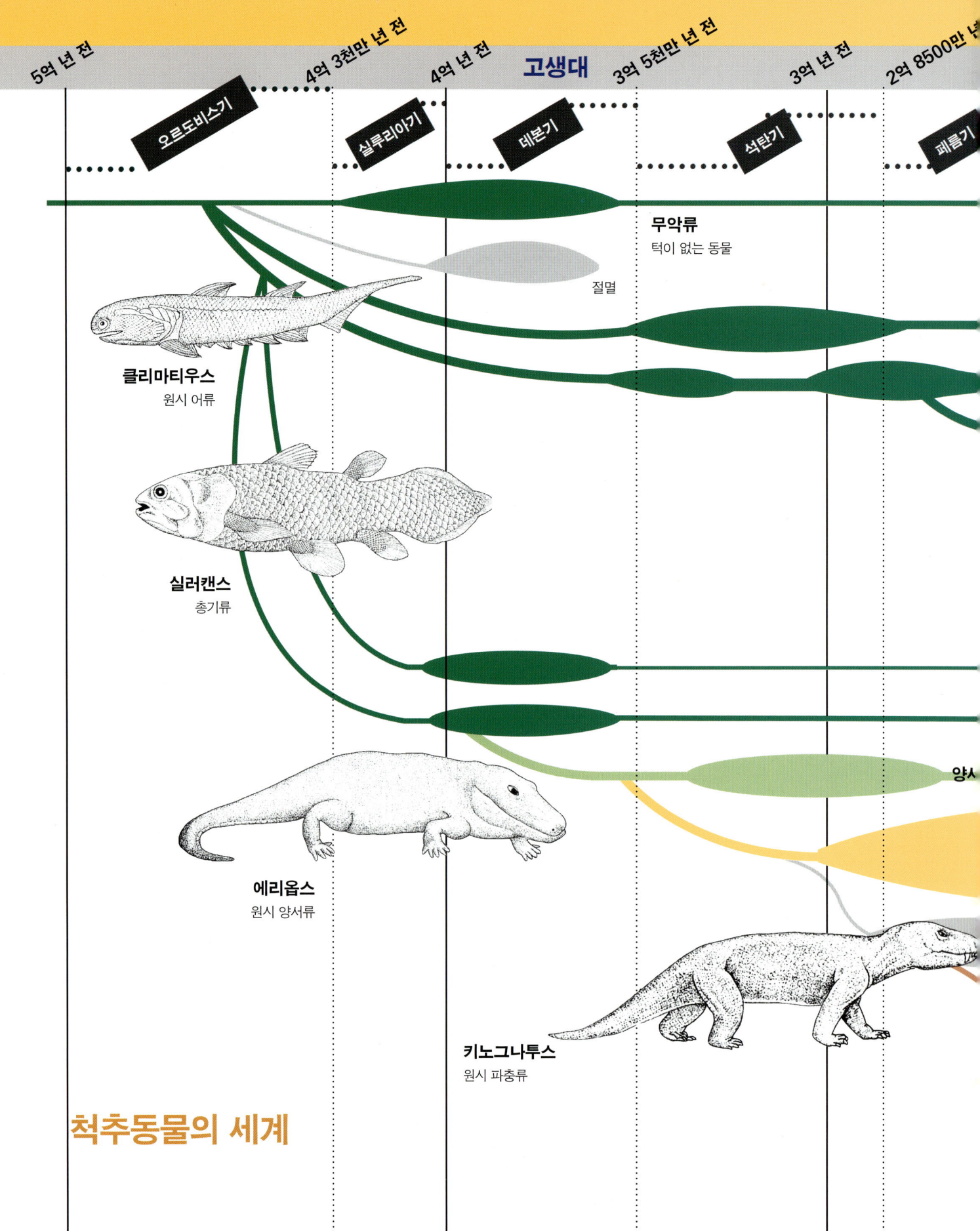

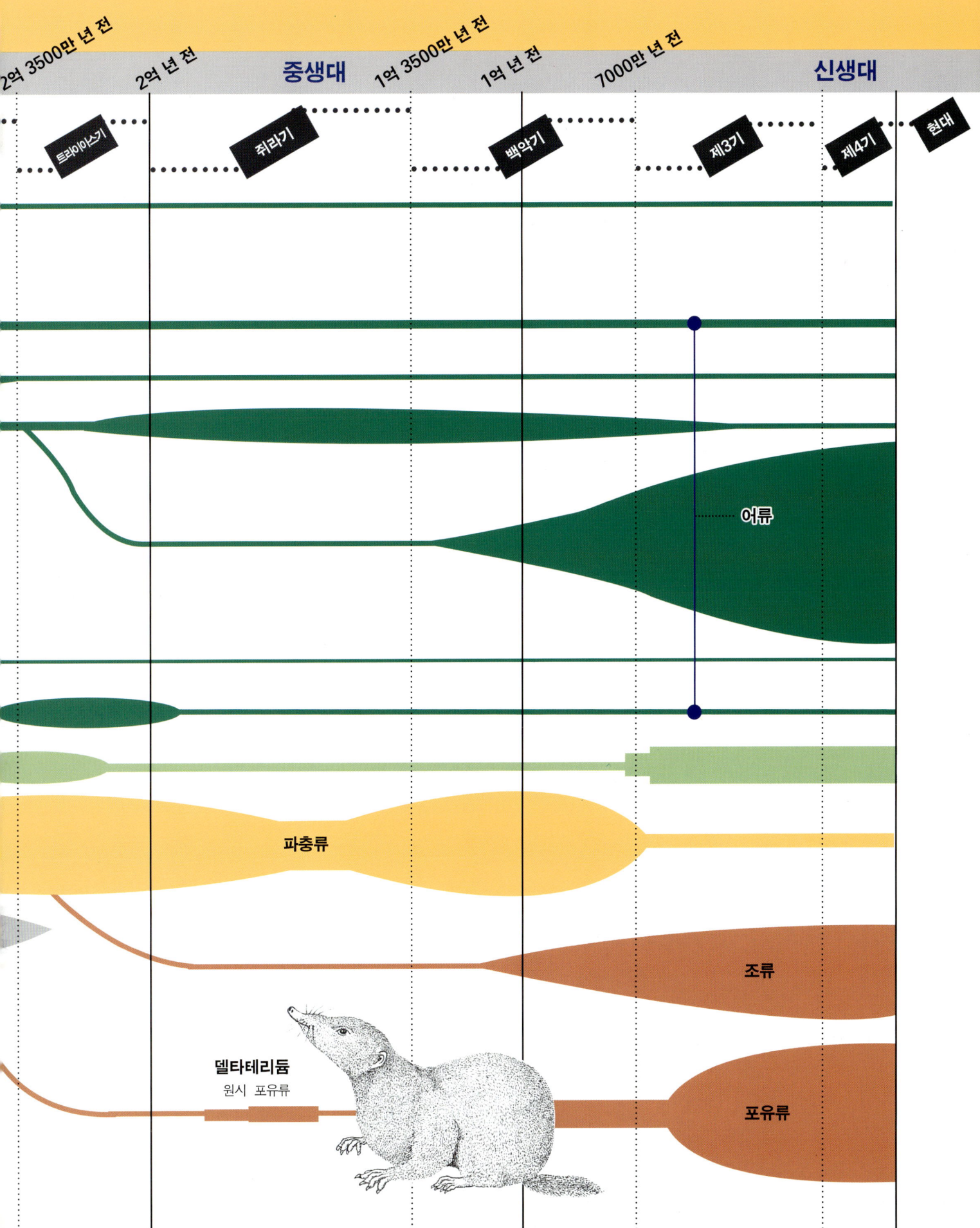

어린이를 위한 진화 이야기
찾아보세요

무악류
무악류의 머리 - 1권 5쪽
칠성장어 - 1권 4쪽
턱이 없는 동물의 소화관 - 1권 25쪽

어류
물고기의 수정 - 1권 28쪽
실러캔스(총기류) - 1권 9쪽
어류의 소화관 - 1권 25쪽
어류의 심장과 아가미 - 2권 13쪽
원시 어류의 귀 - 2권 8쪽
원시 어류의 머리 - 1권 5쪽
총기류의 지느러미뼈 - 1권 12쪽

양서류
양서류의 귀 - 2권 9쪽
양서류의 뇌 - 2권 5쪽
양서류의 소화관 - 1권 25쪽
양서류의 이 - 2권 17쪽
양서류의 폐 - 1권 21쪽
원시 양서류의 앞발(손)뼈 - 1권 12쪽
원시 양서류의 엉덩뼈(골반) - 1권 17쪽
익티오스테가(원시 양서류) - 1권 9쪽
익티오스테가(원시 양서류)의 골격 - 1권 9쪽

파충류
원시 파충류의 앞발(손)뼈 - 1권 13쪽
파충류의 뇌 - 2권 5쪽
파충류의 소화관 - 1권 25쪽
파충류의 심장과 폐 - 2권 13쪽
파충류의 음경 - 1권 29쪽
파충류의 이 - 2권 17쪽
파충류의 폐 - 1권 21쪽

조류
적색야계 - 5권 25쪽
조류의 총배설강 - 2권 25쪽

포유류
갈고리 발톱 - 3권 16쪽
검은코뿔소의 발자국 - 4권 4쪽
검은코뿔소의 입 - 5권 13쪽
기린의 발자국 - 4권 4쪽
돼지 - 5권 25쪽
돼지의 머리뼈 - 5권 24쪽
말의 발가락뼈 - 1권 13쪽
말의 발뼈 - 4권 5쪽
멧돼지 - 5권 25쪽
멧돼지의 머리뼈 - 5권 24쪽
물소의 발자국 - 4권 4쪽
발굽 - 3권 16쪽
사자의 발자국 - 4권 4쪽
사자의 이 - 2권 17쪽
사자의 입 - 5권 13쪽
소의 이 - 2권 17쪽
얼룩말의 발자국 - 4권 4쪽
젖을 먹는 새끼 사자 - 2권 28쪽
젖을 먹는 아프리카코끼리 - 2권 29쪽
치타의 발자국 - 4권 4쪽
코끼리의 교미 - 1권 29쪽
코끼리의 눈 - 3권 4쪽
포유류의 뇌 - 2권 5쪽
포유류의 소화관 - 1권 25쪽
포유류의 심장과 폐 - 2권 13쪽
포유류의 이 - 2권 17쪽
포유류의 폐 - 1권 21쪽
표범의 발자국 - 4권 4쪽
하마의 발자국 - 4권 4쪽
하이에나의 발자국 - 4권 5쪽

영장류
고릴라의 대둔근 - 4권 17쪽
고릴라의 등뼈 - 4권 21쪽
고릴라의 몸통 - 4권 20쪽
고릴라의 엉덩뼈(골반) - 4권 12쪽
원숭이의 꼬리 - 3권 28쪽
원숭이의 넓적다리뼈(대퇴골) - 4권 13쪽
원숭이의 눈 - 3권 5쪽
원숭이의 머리뼈 - 3권 5쪽, 4권 28쪽
원숭이의 발뼈 - 4권 5쪽, 4권 9쪽
원숭이의 손 - 3권 9쪽, 12쪽, 24쪽, 25쪽
원숭이의 손가락 - 3권 9쪽
원숭이의 손바닥 지문 - 3권 12쪽
원숭이의 손톱 - 3권 17쪽
원숭이의 엄지발가락 - 4권 9쪽
원숭이의 이 - 3권 21쪽
원숭이의 턱뼈 - 3권 20쪽
젖을 먹이는 원숭이 - 3권 25쪽
침팬지의 머리뼈 - 5권 4쪽
침팬지의 입 - 5권 12쪽

사람의 몸
사람의 가시돌기 - 4권 21쪽
사람의 골격 - 1권 16쪽
사람의 꼬리뼈(미골) - 3권 29쪽
사람의 귀 - 2권 8쪽
사람의 근육 - 4권 16쪽
사람의 넓적다리뼈(대퇴골) - 4권 13쪽
사람의 뇌 - 2권 4쪽
사람의 눈 - 3권 4쪽
사람의 대둔근 - 4권 17쪽
사람의 등뼈 - 1권 8쪽
사람의 머리뼈 - 1권 4쪽, 3권 5쪽, 4권 29쪽, 5권 5쪽
사람의 몸통 - 4권 20쪽
사람의 발의 장심 - 4권 9쪽
사람의 발자국 - 4권 4쪽
사람의 발뼈 - 4권 5쪽
사람의 소화관 - 1권 24쪽
사람의 손바닥 - 3권 13쪽
사람의 손뼈 - 3권 8쪽, 4권 24쪽
사람의 손톱 - 3권 17쪽
사람의 심장 - 2권 12쪽
사람의 어깨뼈(견갑골) - 4권 24쪽
사람의 엄지발가락뼈 - 4권 8쪽
사람의 엉덩뼈(골반) - 1권 17쪽, 4권 12쪽
사람의 유방 - 2권 28쪽
사람의 유상돌기 - 4권 29쪽
사람의 음경 - 1권 28쪽
사람의 이 - 2권 16쪽, 3권 21쪽
사람의 입 - 5권 12쪽
사람의 태반 - 2권 21쪽
사람의 팔뼈 - 4권 25쪽
사람의 폐 - 1권 20쪽
사람의 호흡 기관 - 1권 20쪽
아기 - 2권 20쪽, 2권 24쪽

사람의 조상
다양한 모양의 석기 - 5권 9쪽
불에 구워서 만든 토기 - 5권 17쪽
불을 피우는 도구 - 5권 16쪽, 17쪽
불을 피우는 사람 - 5권 16쪽
오스트랄로피테쿠스의 골반 - 4권 12쪽
오스트랄로피테쿠스의 머리뼈 - 5권 4쪽
호모 에렉투스의 머리뼈 - 5권 8쪽
호모 하빌리스의 머리뼈 - 5권 8쪽
호모 하빌리스의 손뼈 - 5권 9쪽

식물
개밀 - 5권 20쪽
농작물 밀 - 5권 21쪽
농작물 벼 - 5권 21쪽
농작물 벼의 꽃 - 5권 21쪽
야생 벼 - 5권 20쪽
야생 벼의 꽃 - 5권 21쪽

저자 후기

학부모님과 선생님들께

아이들은 대단히 풍부한 감성과 지성의 소유자들입니다. 과학자와 비교해도 절대로 뒤지지 않을 정도의 강한 흥미와 관심을 갖고 있고, 자기 몸의 구조와 작용에 대해서도 계속 의문을 던지며 새로운 것을 발견해 나갑니다. 또한 우리 어른이 어떻게 대답해야 할지 모를 정도의 난해한 문제를 궁금해 하기도 합니다. 예를 들면, '왜 우리의 손가락은 다섯 개인가'와 같은 것들이지요. 아이들의 이런 의문에 대해서 함께 생각해 보며 적절한 대답을 찾아보세요. 가장 좋은 방법은 그 기원을 찾아가 보는 것입니다. 한 예로 손이라면, 척추동물이 처음으로 육지로 올라왔을 때로 더듬어 올라가 보아야 합니다. 이 이야기는 우리가 가진 다섯 개의 손가락에서만 끝나지 않겠지요. 아이들은 우리 인간을 포함한 자연 그 자체가 가진 역사의 경이로움에 대해 자기의 감성과 지성을 모두 활용해 다가가기 때문입니다. 이렇듯 많은 호기심을 갖고 있는 우리 아이들을 위해 이 책을 썼습니다.

저자 소개

구로다 히로유키(黑田弘行) 글·그림
도쿄 가쿠게이(學藝) 대학교 졸업. 초등학교 교사를 거쳐, 아프리카코끼리 국제보호기금(AEF) 본부에서 활동했다.
저서로는 『아프리카의 동물들』, 『몸의 역사』, 『성의 역사』, 『식물의 역사』, 『인간은 어디서 왔을까』, 『풍요로운 자연을 지키자』등이 있다.

시모타니 니스케(下谷二助) 그림
90년 고단샤 출판 문화상 수상.
91년 일본 일러스트레이션 작가상 수상
92년 개인전 '니스케는 무엇을 생각하고 있는가'
93년 쥐 잡는 기계 설계도 전.
세계의 잡화를 수집하기도 한다.
『내 아이 생각을 바꾸는 책 - 환경과 철학(전 5권)』의 그림을 그렸다.

김영주 옮김
이화여대 신문방송학과를 졸업하고 일본 도쿄대학 대학원에서 수학하였으며 현재는 전문 번역가로 활동하고 있다. 그 동안 옮긴 어린이 책으로는 『지구가 100센티미터의 공이라면』, 『세 개의 오렌지』, 『바다토끼』등이 있다.

어린이를 위한 진화 이야기1
물고기, 땅으로 올라오다!

글 쓰고 그린이 구로다 히로유키 | **그린이** 시모타니 니스케 | **옮긴이** 김영주 | **초판 1쇄 발행** 2005년 5월 23일
책임편집 이경미 | **디자인** 이수경·신형애·나유진 | **마케팅** 구본산·노현승 | **펴낸곳** 바다출판사 | **펴낸이** 김인호
출판등록일 1996년 5월 8일 | **등록번호** 제10-1288호
주소 서울시 마포구 서교동 403-21 서흥빌딩 4층 | **전화** 322-3885(편집부), 322-3575(마케팅부), 322-3858(팩스)
E-mail badabooks@dreamwiz.com
ISBN 89-5561-241-9(세트) 89-5561-242-7 74400